आज कल

पंकज गुप्ता

Become
Shakespeare
.com

First Published in 2022

Becomeshakespeare.com

One Point Six Technologies Pvt Ltd
123, Building J2, Shram Seva Premises, Wadala Truck Depot,
Wadala (East), Mumbai 400037, India
T: +91 8080226699

ISBN - 978-93-5667-168-3

परमात्मा

और

मेरे माता पिता

को समर्पित

नमस्कार

ईश्वर की बड़ी कृपा है कि उन्होंने मुझे शब्दों को वाकयों में पिरोने की कला प्रदान की। मेरे लिए इसके मायने और आभार व्यक्त कर पाना आसान नहीं है। अक्सर मैं जो आस-पास देखता हूँ, सुनता हूँ, महसूस करता हूँ, उसे कविताओं में समेट लेता हूँ। जब भी कुछ लिखता हूँ, एक अलग सी खुशी और कुछ नया सृजन करने का एहसास होता है। आशा करता हूँ कि आपको यह कविताएं पसंद आएँगी।

इस किताब का आग़ाज़ करते हुए, प्रस्तुत करता हूँ कुछ पंक्तियाँ, जो कविता की चाह को दर्शाती हैं...

"कविताएं कहाँ लिबास की कद्र करती हैं,
वह तो जज़्बे पर फक्र करती हैं।
सिर्फ कवि की नियामत बनना उनकी फितरत कहाँ,
आवाम के ख़याल बनने में सब्र करती हैं।"

धन्यवाद

पंकज गुप्ता

ख्वाबों की ऊंचाइयां

अपने ख्वाबों की ऊंचाइयां नापना,
हमारा काम नहीं है।

जिस नीमत को देते हुए, खुदा ने ना तोला,
हमें भी जानना उसका दाम नहीं है।

अधूरे

आपकी इनायत ना हो तो,
हमारे सब काम अधूरे हैं
जो टकराएं ना आपके प्यालों से,
हमारे जाम अधूरे हैं

कोई इल्ज़ाम लगाने से पहले,
यह सोचिएगा ज़रूर कि
ईमानदार हैं पूरे मगर,
हम बेईमान अधूरे हैं।

धूप

टुकड़ों टुकड़ों में जब धूप सुबह,
काँच से निकल कर आती है
खुदा की बरकत का एहसास होता है

लाख सितारों का नूर अपनी जगह है,
इस रोशनी से उजाला
कुछ ख़ास होता है

दोस्त

तुम अच्छे हो,
दरअसल थोड़े खराब भी हो।

ज़्यादातर मज़ेदार, कभी थोड़ी
ज्ञान की किताब भी हो।
दिमाग खाने की मशीन,
तो सिर दर्द का इलाज भी हो।

टांग खींचते हो,
'मोटिवेशन' बेहिसाब भी हो।
'परफेक्ट' होते तो भगवान ना बन जाते,
जैसे भी हो, दोस्त लाजवाब ही हो।

खोई हुई किताब

मेरे पास वापस आ गई,
एक खोई हुई किताब
शुरू हो गया फिर से,
अधूरे ख्यालों का हिसाब

वक़्त के अपने तरीके हैं,
पलट कर आने के
कुछ हैं साधारण,
कुछ लाजवाब।

अजनबी लोग

अजनबी लोग, अनजान बातें
कभी-कभी अजीब सा
असर कर जाती हैं

खुदा जाने क्या नाता है,
बिना ताल्लुकात के
दिलो-दिमाग पर घर कर जाती हैं

सफाई और इनाम

सफाई करने का एक फायदा यह है,
कभी-कभी खोया हुआ सामान मिल जाता है

भले एक पल के लिए ही सही,
जिसकी उम्मीद ना थी वह मुकाम मिल जाता है

वह कीमती हो या सस्ता, ज़्यादा फर्क कहां हैं
अच्छे काम का जैसे, इनाम मिल जाता है

पांच मिनट की बातें

पांच मिनट की बातें... वह पांच मिनट की बातें

पंद्रह भी होती हैं, बीस भी हो जाती हैं
बात से बात निकलती है, तीस भी हो जाती हैं
वक़्त का मायना थोड़े ही रहता है,
भावनाएं आखिर गणित कहां समझ पाती हैं

पांच मिनट की बातें... वह पांच मिनट की बातें

थोड़ी खराब, थोड़ी भली भी होती हैं
अक्सर हकीकत में ढली सी होती हैं
खासकर शाम के समय वह,
अनकहे जज़्बातों से सली सी होती हैं

पांच मिनट की बातें... वह पांच मिनट की बातें

हवाई अड्डा

कितनी रुक्सतें, कितनी मुलाकातें देखता है..
खुद को कैसे संभाल पाता है।

शायद अलविदा का ग़म उतना नहीं है..
जितना मिलते लोगों को देखना भाता है।

मंज़िल

असल कीमत तो वक़्त की है...
क्यों भागते हम तख़्त के पीछे हैं...

क्यों पर्वत को मंज़िल समझते हैं...
जब खड़े आसमान के नीचे हैं

बारिश की दस्तक

आज फिर बारिश ने दस्तक दे दी...

'जिम' से बाहर निकलते वक़्त, मुझे थोड़ा सा भीगो कर,
गाड़ी पर पड़ी धूल को, थोड़ा सा धो कर...
आज फिर बारिश ने दस्तक दे दी...

कुछ पुरानी यादों को, वापस बुलाकर
और गाड़ी के बाहर की दुनिया, थोड़ी धुंधला कर...
आज फिर बारिश ने दस्तक दे दी...

बदले हालात

कुछ बदले बदले से हालात नज़र आते हैं...
थोड़े नए से हमें आप नज़र आते हैं..

क्या आंधी, क्या तूफ़ान.. दिखाई देते अब नहीं..
सब फूल ओस में नहाए गुलाब नजर आते हैं

बात बात में करते हैं

हम आपको याद, कुछ इस तरह,
दिलो-दिमाग में करते हैं...
फ़क़त दिन में ही नहीं... शाम और रात में भी करते हैं...

गुफ़्तगू में याद फरमाते हैं... जज़्बात में भी करते हैं...
थोड़े अच्छे भी... थोड़े बुरे हालात में भी करते हैं...

याद का हर मौका फरमाएंगे... तो रात गुज़र जाएगी...
बस यूं समझ लिजिये... कि बात बात में करते हैं...

इंतज़ार में उम्मीद

अपने इरादों को हम इस कदर..
मज़बूत बनाए बैठे हैं।
आपके इंतजार में उम्मीदें...
खूब लगाये बैठे हैं।

आलम यह है कि अभी से...
जश्न मनाने लगे हैं
हासिल-ए-मुकाम के पहले ही...
जाम को माशूक बनाये बैठे हैं।

तिलिस्म

लाख शोर में आपकी आवाज़ को,

जब पहचानना जान पाए..

तिलिस्म भी होता है दुनिया में,

उसी दिन हम मन पाए

सुबह की चाय

सुबह की चाय की चुस्कियों में...
शायद रूहानी ताकत होती है।

हर घूंट अमृत सी लगती है...
लगता है मुश्किलों का समाधान हो गया

जैसा भी हो, आने वाला दिन...
लगे चाय से, थोड़ा आसान हो गया

शायरी

शायर हम कहां थे, बस...
खुदा की रहमत, इस फ़न से नवाज़ दिया...

अलग अलग हरफों में हम भी खोये थे...
उन्हे वाकयों में पिरोने का अंदाज़ दिया...

हंसी

फ़क़त खुश होने पर हंसना... ऐसा ज़रूरी कहां है
क्यूंकी हंसी और खुशी के रिश्ते की अजब दास्तां है।

बिना बात हंसने पर भी,
खुशी का आना ठीक वैसे ही लाज़मी है
जैसे चाँद को देखकर,
लहरों से ठहाके लगाती ये ज़मीन है

हिंदी दिवस

यह दिन हर बार मुझे एहसास दिलाता है
मेरी मातृ-भाषा से मेरा, कितना गहरा नाता है

जब भी लिखता, पढ़ता, सुनता हूं,
अजीब सा सुकून मिलता है..
थोड़ा और लिखने का, जैसे जूनून मिलता है..

कुदरत से रिश्ता

सुबह जब एक पल, सूरज से निगाहें मिलाता हूं..
लगता है जैसे कुदरत नूर बरपाती है

उसे नमन कर, हथेली जोड़, सर झुकाता हूं...
बाहें खोलकर हवाएं जैसे गले लगाती हैं.

सुना है कुदरत से ताल्लुकात बनाने में वक्त नहीं लगता
आखिर सब कुदरती है ना,
यह रिश्ता कभी सख्त नहीं लगता

मुकद्दर की गुस्ताखी

ऐ मुकद्दर, फिर से तुझसे गुस्ताखी हो गई..
पूरी होते होते ख्वाहिश एक बाकी हो गई

अगली मुलाकात पर करेंगे झगड़ा तुझसे..
आज हमारी जुबान थोड़ी जज़्बाती हो गई

रंग

बिखरे रंगों में मुझे बसा प्यार सा लगा...
ज़िंदगी का नूर इनमें जैसे बरकरार सा लगा..

इनके उड़ने का और सब में रम जाने का अंदाज़,
फ़क़त एक दफ़ा नहीं... हर बार सा लगा।

नये साल का संकल्प

नए साल का संकल्प लेना बंद कर दिया है...
अच्छे काम के लिए इतना इंतज़ार क्यों करें

वैसा भी सुना है, बहुत टूटते हैं ये संकल्प...
आखिर इस पर कैसे ऐतबार हम करें

बेसब्र जमाना

इश्क कब आसान रहा है..
करना भी और निभाना भी..

अब थोड़ा वक़्त तेज़ हो गया,
थोड़ा बेसब्र हो गया ज़माना भी

थोड़ा उधार

उनके नाम का ज़िक्र हमारी यादों में, बार बार सा रहा
उनसे मिलने का बाँहों को हमेशा, इंतज़ार सा रहा

हिसाब किताब रखते नहीं हम, दोस्ती या रिश्तों में ज़्यादा
फिर भी लगता है कि हम पर बाकी, थोड़ा उधार सा रहा

हिंदी भाषा से लगाव

हर भाषा खूबसूरत है पर
हिंदी पर बैठा मेरा मन है

सिर्फ इसलिये नहीं, कि यह अपनी है,
इसलिये कि इसमें अपनापन है

बात महज़ शब्दों कि नहीं है, इसके इर्दगिर्द...
और इसमें घुला मिला सा, मेरा जीवन है

शुक्रिया-शिक्षक दिवस पर

शुक्रिया सभी गुरुओं का..
'स्कूल', 'कॉलेज' के शिक्षकों का जिन्होंने,
विज्ञान और जीवन का समान पाठ पढ़ाया

उन दोस्तों का, जिन्होने सब ज्ञान,
चाय और कॉफी के साथ पिलाया
घरवालों, रिश्तेदारों का... जिन्होंने बिना शर्त प्यार का
मायना सिखाया

कद्र

परदेस में देस का खाना, जब लोग नोश फर्माते हैं
उसका कहीं ज़्यादा आनन्द उठाते हैं

सही कह गया है कोई,
कि मुकम्मल चीजों की कद्र करना
उन्हें कम करने वाले हालात सिखाते हैं

दोस्तों से गुफ़्तगू

बहुत वक़्त के बाद,
पुराने दोस्तों से लम्बी गुफ़्तगू....

अरसा हुआ पर सब कुछ,
जैसा था, है वैसा हुबहू....

खो जाओ

कुछ ऐसा करो
कि जिसमें खो जाओ...

दुनिया का होश ना रहे
मन को इतना डूबो जाओ...

काम काज हो या शौक,
थोड़ी देर फ़ना हो जाओ

भागने की चाहत

भागने की चाहत में, आप ठहरने का
मज़ा-और-इत्मीनान भूल जाते हैं

ख़ास बनने की इतनी भी क्या तलब ?
कि रहना आम भूल जाते हैं

इजाज़त का इंतज़ार

अलग अलग राहों पर ही रहे,
हालांकि हम गुफ़्तगू बेशुमार करते रहे....

हम दिल को बगावत के लिये तैयार करते रहे
और आप हमारी इजाज़त का इंतज़ार करते रहे

खुदा के हवाले

ज़हे नसीब ही कहूंगा की
दुआ है, दुआ करने वाले भी हैं..

हम खुद उतने हैं...
जितने खुदा के हवाले भी हैं

तवज्जो

नियम कानूनों में आप कहाँ गिरफ्तार रहे हैं...
वो तो आपके ज़हन की फरमाइशों पर चलते हैं

तवज्जो के मायने ही इस कदर बदल दिए हैं आपने...
कि सूरज से भी नजरें मिलाकर, बांहे फैलाकर मिलते हैं..

दस्तख़त

दस्तख़त सिर्फ स्याही में डूबे हरफ नहीं,
अंदाज़ है हमारा

कहानी है, फसाना भी है और बातें बिन
बात का इशारा

हसरतें

हसरतों का अंत होता कहां है...
ज़रा थमती हैं, फिर उड़ चलती हैं

जैसे हसरत न हुई, सूरज हो गई..
हर सुबह वापस आएगी, जब जब ढलती है

वाक़िफ़

वक़िफ़ तो हम हमेशा थे, मंजिलों से ऐ खुदा...
रास्ते बदल रहे हैं, मुकम्मल कर ही जाएंगे...

उम्मीद है मंज़िलों को भी आस उतनी ही होगी हमसे मिलने की..
जितने जज़्बे से हम उनको गले लगाएंगे..

भरी महफिल में

भरी महफिल में आप क्यूं अंजान से मिले,
गहरे रिश्तों के रहते, क्यूं मेहमान से मिले।

आपसे बात करनी की इतनी आदत हो चुकी है,
बहुत अजीब लगा की आप बे़जुबान से मिले।

जल्दबाज़ी में यूं ही हमें आदाब कर चले..
कहां उम्मीद थी, आप ज़रा इत्मिनान से मिले।

इशारे

समझ ऐ नादान, कुदरत के इशारे
जो हर वक्त कह रहे हैं...

हाथ बढ़ाकर रोक ले,
दीपक जो पानी में बह रहे हैं।

खुद को

कहता है खुद को समझदार,
हर आदमी जो ज़्यादा जोश में होता है...

भूल जाता है कि खुद की नज़र में,
हर पीने वाला होश में होता है...

गिरने की तैयारी

आसमान को छूने के कोशिश में...
अक्सर एक बात, भूल जाता आदमी है।

की उड़ने की ख्वाहिशों के साथ...
गिरने की तैयारी रखना भी लाज़मी है।

संभलना

तेरी ठोकरों पर, खुद को संभलना सिखाने लगा हूं...
ऐ ज़िंदगी, कुछ यूं तुझे आज़माने लगा हूं

तेरी हर सुबह की इबादत, हर शाम को सलाम
इस तरह, थोड़ी थोड़ी दोस्ती बढ़ाने लगा हूं

शिद्दत और तकदीर

शिद्दत ने मोड़ा कई दफ़ा,
हाथों की लकीरों को है...

अरमानों ने तोड़ा अक्सर,
मज़बूत जंज़ीरों को है...

इतना यकीन खुद पर ज़रूरी है,
जीता मैंने तकदीरों को है..

दाव

मुकरना तो आपकी फितरत में रहा है...
इस दफ़ा तो आप वादा ही बदल गये

कम्बख्त कुछ तो लिहाज़ करते...
जिस से सीखे दाव, उसी पर चल गए।

सोच समझ कर मांग

सोच समझ कर मांग, ऐ नादान...
जो भी मांग रहा है खुदा से

ख्वाहिशें पूरी हो जाती हैं...
कभी कभी, फ़क़त एक दुआ से

हर ख्वाहिश भली कहाँ होती है
मैली कभी कभार हमारी जुबां होती है

‘फ्लाईओवर’ की विडंबना..

ऊपर चलती गाड़ियां...
नीचे हर चीज़ का अभाव..

ऊपर वालों की ‘स्पीड’..
नीचे वालों का ठहराव।

इस ‘फ्लाईओवर’ से ज्यादा कौन जान सकता है..
विपरीत बातों का टकराव

अंतर्राष्ट्रीय चाय दिवस

सुबह चाय नोश फ़रमाते हुआ पढ़ा,
अंतर्राष्ट्रीय चाय दिवस है आज...
मैं तो सोचता था की... रोज़ ही होता है

भला सुबह चाय पीने के लालच के बिना,
क्या कोई रात को सोता है?

करीब से जाना है तुम्हें

अपनी कविता, अभिलाषा, प्रेरणा
सब कुछ माना है तुम्हें

कुछ ही मुलाकातों में,
इतने करीब से जाना है तुम्हें

फ़न

खुदा के दिए हुए फ़न की बात ही अलग है

ज़िंदगी धीमी हो या रफ़्तार में,
वह जम कर बोलता है..
वक्त अच्छा हो या बुरा वह,
हर कदम पर बोलता है

खुशी में या गम में,
कभी न थम कर बोलता है
इंसान का सफर भले खत्म हो जाए,
फ़न उसका फिर भी, रूह बनकर बोलता है

तू आना ज़िंदगी

थोड़ी प्यारी सी मुस्कुराहटें, मुझे दे जाना ज़िंदगी...
मेरी बांहों में कुछ इस तरह से, तू आना ज़िंदगी....

शायद कभी कभी हवा के झोंके, तूफान में बदल जाएं...
तब भी तुम मस्ती से अपनी, जुल्फों को लहराना ज़िंदगी....
मेरी बांहों में कुछ इस तरह से तू आना ज़िंदगी....

सुना है आँखों से होती बातों का, खुमार कुछ अलग है...
ऐसी हर मासूम सी गुफ़्तगू, मुझे सुनाना ज़िंदगी....
मेरी बांहों में कुछ इस तरह से तू आना ज़िंदगी....

कागज़ की किताब

कागज़ की किताब पढ़ने पर,
कुछ अलग ही एहसास रह जाता है

लगता है लिखने वाले का एक अंश,
आपके साथ रह जाता है

बड़ी बातें, छोटे लफ्ज़

बहुत सी कविताएं सुनकर,
समझ थोड़ा सा, यह ज़माना आ गया

और ज़रा सा... बड़ी बातों को,
छोटे लफ्ज़ों में बताना आ गया

रफ़्तार

ज़रा थम कर देखो तो,
दुनिया अलग ही दिखती है...

जब सब कुछ धीरे ही अच्छा है,
तो हर जगह 'स्पीड' क्यूं बिकती है

दोनों जहां

एक तस्वीर में, सूरज और चांद जहां मिल रहे हों...
लगता है दोनों जहां मिल रहे हों।

ख्वाब को ख्वाब कहने वाले, ऐसा कहते रहें...
मुझे लगता है वो जैसे हकीकत से, यहां मिल रहे हों

उड़ने की कमान

नज़रिये का ऐसा मुकाम आ जाए....
पंख हों न हों, उड़ने की कमान आ जाए।

ऊंचाई पर जाकर, महसूस होता है जो सुकून...
ज़मीन पर भी.. वो ही एहतराम आ जाए

इस शहर पर

ऐ दिल, इतना मत आ इस शहर पर...
जगह और भी हैं, जो खुदा ने रम कर बनाई हैं..

कहना फर्ज़ है, जब कि तेरा जवाब जानता हूँ..
कौन सी गलियां, इतनी थम कर बनाई हैं

बड़े अरमानों से

बड़े अरमानों से हम
तेरी महफिल को आज़माने आए हैं

महफिल सादी हो या आलीशान, फर्क नहीं है
फ़कत तुझसे के मिलने के बहाने आए हैं

जाम में क्या है, किसको खबर यह
बस तेरा साथ निभाने आए हैं

आए हैं तो कुछ करके जाएंगे
हम तो कहते ही हैं, रंग जमाने आए हैं

बड़े अरमानों से हम
तेरी महफिल को आज़माने आए हैं

अलविदा का वक्त

अभी अलविदा का वक्त नहीं है।

अभी तो मौका है, दस्तूर है
रास्ते अक्सर टकराएंगे
अभी तो जाना बहुत दूर है
सोचता हूं, काश रास्ते एक होते,
पर लगता है कुछ ज़्यादा मांग रहा हूं
किस्मत जो तस्वीर बना रही है, उसे
पूरी होने के पहले टांग रहा हूं
अभी अलविदा का वक्त नहीं है।

थोड़े आप ज़िद्दी रहे, थोड़े हम
इस तरह, कि दरवाजें बंद होने लगे
कुछ रोशनदान बचे थे, लेकिन
उन पर मौसम तंग होने लगे
सब साफ कर देंगे
जिस दिन हम इस धूल मिट्टी को धोने लगे

अभी अलविदा का वक्त नहीं है।

तारों पर कबूतर

फिर से तारों पर कबूतर बैठे हैं।
एक कतार में हैं...
बराबर दूरी भी रखी है
खुले आसमान में इतने नियमात
लगता है कोई सज़ा अधूरी रखी है
हैं तो एक ही झुंड में, मगर
हर किसी को अलग उड़ने की मंज़ूरी रखी है
फिर से तारों पर कबूतर बैठे हैं

आसपास के नज़ारे देख रहे हैं
ज़मीन के खेल सारे देख रहे हैं
या ऊपर वाले के नुमाइंदें हैं ये
छिप कर करामात हमारे देख रहे हैं
कहां किसको पड़ी है... देखने वाले की
कहां खुद को जज़्बात हमारे देख रहे हैं
फिर से तारों पर कबूतर बैठे हैं

जो सागर कुछ कहता

जो सागर कुछ कहता
इन्हीं लहरों पर आता हूं... सुबह शाम कहता हूं
तेरे लिए मेरे जज़्बात सरेआम कहता हूं

पास आता हूं ज़मीन के, तो ज़्यादा शोर करता हूं
बुलाने की तुझे कोशिश, थोड़ी और करता हूं
बढ़ाकर लहरों की ऊंचाई... तुझे सलाम कहता हूं

विस्तार की मेरे, सीमा कोई कहां है
इस तरह पानी मुझे, मिला बेइंतहा है
इससे ज़्यादा तुझे पाना, अपना इनाम कहता हूं

सुना है आसमान का रंग, मेरे कारण नीला है
मेरे किनारे बसा, हर शहर रसीला है
खारा होने का फिर भी तुझसे, इल्ज़ाम सहता हूं

मौसम ने पूछा

मौसम ने हमसे, यूं ही पूछा...
बताइये क्या खबर है
हमने कहा गरम हवाएं...
भी देती सुकून हैं
किसी की तासीर का....
हुआ ऐसा असर है

सूरज से हमें ज़रा...
लगाव थोड़ा है गहरा।
साथ इसके लगे
जैसे हर पल सुनहरा
मेरे अरमानों को जैसे...
यह देता हवाएं
ज़र्रे ज़र्रे को मेरे...
ये रौशन बनाए
अब लगता है इससे भी तेज़
हम पर किसी की नज़र है
मौसम ने हमसे, यूं ही पूछा...

बारिश की बूदों में मैं...
भीगता हूं कभी कभी
कुदरत में ऐसे खो जाना...
सीखता हूं अक्सर तभी
सब कुछ नया सा लगता है..
धुला धुला सा फबता है
इस कभी-कभी को....
रोज़ाना बदलने में
उसने नहीं छोड़ी...
कोई कसर है
मौसम ने हमसे, यूं ही पूछा...

आपका लिखा कागज़

आपका लिखा हुआ वो कागज़
आज तक उस पुरानी किताब में है

बातें कहां...
ज़्यादा फरमाते थे आप
ज़रुरत से ज्यादा...
शर्माते थे आप
आपके ज़हन की बात..
अभी भी हिजाब में है
आपका लिखा हुआ वो कागज़...

रास्तों को किस्मत ने...
फिर से भी टकराया
उसे भी इस किस्से का थमना..
कहां रास आया
ये बात इंसान नहीं...
खुदा के इंतेखाब में है
आपका लिखा हुआ वो कागज़...

आज रास्ते भी अलग है...
मंजिलें भी जुदा हैं
एक नाता तार भर सा क्यूं...
मगर अरसे से निभा है
अब भी पूरे बागबान में वो बात नहीं...
जो आपके दिए सूखे गुलाब में हैं
आपका लिखा हुआ वो कागज़...

बहुत वक्त से

बहुत वक्त से इंतज़ार था जिसका
वो घड़ी आ रही है...
ज़िंदगी में नई एक
कड़ी आ रही है।

नेक कामों पर हमारे।
बांधती तारीफें,
गुस्ताखियों पर सुनाती
खोटी खरी आ रही है
ज़िंदगी में नई एक कड़ी आ रही है।

सफर ये नया है, नए हैं फसाने
पर लगता है ताल्लुकात, हैं थोड़े पुराने
कहानियों में रंग भरने वो
नए आ रही है
ज़िंदगी में नई इक कड़ी आ रही है।

अंदाज़ की ज़ुबान

कुछ सवालों का जवाब,
अल्फाज़ नहीं दे सकते
अंदाज़ की भी अपनी,
एक ज़ुबान होती है।

यह सभी को समझ आए,
ज़रुरी नहीं है
सब में कहां ऐसी
कमान होती है

अच्छी भी है बहुत,
काफी बुरी भी है यह
अलग लोगों पर, अलग
तरीके से मेहरबान होती है

चुभ सकती है तेज़
फूल सी भी झड़ती है
इसकी फितरत की पैमाइश
कहां आसान होती है

अंदाज़ की भी अपनी,
एक ज़ुबान होती है।

ऐसा मानसून भी क्या

ऐसा मानसून भी क्या.. कि जिसमें एक बार ना भीग पाए
ना बारिश में खूब नहाये.. ना 'रोमांटिक' गाने गाए
ना प्याज़ पकौड़े खाए, ना भर प्याली चाय का लुत्फ
उठाए..

ऐसा मानसून भी क्या... की जिसमे 'बंक' ना इक कर
पाए
ना जम कर सोये...ना ही दोस्तों संग 'प्लान' बनाए
ना 'फेवरेट टीवी सीरीज' के, फुल 'सीज़न' निपटाए

ऐसा मानसून भी क्या.. कि जिसमें कार ना बंद हो जाए
गिले पैरों से घर गंदा कर, डांट ना सबकी खाए
ना बैठ कर 'बालकनी' में थोड़े ख्याली पुलाव पकाए

ऐसा मानसून भी क्या।

थोड़ा थोड़ा रम जाऊं

इक पल चाहूं दौड़ूं...
दूजे पल चाहूं थम जाऊं।
दिल बोले सारे रंगों में...
में थोड़ा थोड़ा रम जाऊं

है वक्त की कश्मकश, किसको...
ज़्यादा दूं, किसको कम चाहूँ।
माया को खोजूं, मोक्ष का या,
में हाथ पकड़कर थम जाऊं

छांव चुनूं, मैं धूप चुनूं
हर मौसम का मैं रूप चुनूं
बादल बन देखूं जग ऊपर से...
या नदिया बन कर लहराऊं

क्या बर्फ बनू मैं पर्वत की,
या ज्वाला से तेवर हों
हो शीतल चांद सलीका मैं,
या सूर्य सी ऊर्जा को लाऊं

इक पल चाहूं दौड़ूं...
दूजे पल चाहूं थम जाऊं
दिल बोले सारे रंगों में...
में थोड़ा थोड़ा रम जाऊं

उड़ रहा हूं मैं

उड़ रहा हूं मैं।
आकाश की ऊंचाइयों में
गगन की गहराइयों को,
ढूंढता टटोलता सा,
मन ही मन कुछ बोलता सा
हां, उड़ रहा हूं मैं।

चाह मेरी बरसों की अब हो रही साकार है
मेरी आशा और तमन्ना, ले रही आकार है
देखता हूं मैं जहां तक
छोर हैं दोनों कहां तक
आसमां और ज़मीन का यह, कैसा अजब विस्तार है
बस इसी विस्तार के,
आंगन में दिल को खोलता सा
मन ही मन कुछ बोलता सा
उड़ रहा हूं मैं।

देखा और गौर से जो,
सोचा ख्यालों में खोकर,
लगा ऊपर वाले ने रखा है, तिनका तिनका यूं संजोकर
फूल भी है बादलों की ओस से रखे भिगोकर
स्वर्ग ही आया उतर है
पर कहां किसको खबर है
आकाश में अब मैं, पंछियों की
तरह पंख खोलता सा
मन ही मन कुछ बोलता सा
उड़ रहा हूं मैं।

नहीं बदलते

बदल जाते हैं हालात, इंसान नहीं बदलते
लाख समझाने पर भी, दिल के अरमान नहीं बदलते

हिस्सा है जीवन का, लोगों का आना जाना
कुछ लोग आकर लेकिन, पहचान नहीं बदलते
लिख जाते हैं, किसी अलग ही स्याही से
वो कुछ ऐसे, फरमान नहीं बदलते

यकीन हो जाता है उन पर, शायद खुद से भी ज़्यादा
भले वो भूल जाएं, अपना वादा और इरादा
फिर भी उनसे ताल्लुकात तोड़ना आसान कहां है
सच है, भक्ति बदले भी, तो भगवान नहीं बदलते

सलाम

मैं जा रहा था तो सोचा,
इक सलाम देता चलूँ
जाते जाते तेरे नाम,
एक कलाम देता चलूं

संग तेरी यादों के मैं,
कारवां लेता चलूं
आ सके तू मेरे पीछे,
कुछ निशां देता चलूं

मैं हूं तेरी ही अमानत
यह बयान देता चलूं
जल्दी वापस आउंगा,
तुझको जुबां देता चलूं

फूलों के जो गुलशन हम,
अरमानों से संजोए थे
उन गुलिस्तानों को नया,
बागबां देता चलूं

कायनात के हर ज़र्रे पर,
जो करे नज़रे इनायत
इस ज़ुबान से, उस खुदा का,
नाम मैं लेता चलूं

लक्ष्य

लक्ष्य के अभाव में, जीवन की नाव में
मांझी बैचेन रहे, गुमसुम दिन रैन रहे
हाथ पांव मार कर, लहरों पर वार कर
जो भी पाए, उसको करे, किस्मत के नाम वह
दुनिया में पाए नहीं, कोई पहचान वह

लक्ष्य के लगाव में, जीवन की नाव में
दूर कहीं देखता है, सीना ताने मंज़िलों को
वह बढ़े ही जा रहा है, दूर छोड़े साहिलों को
होश उसको है नहीं, आंधी हो या तूफान हो
बस एक राह पर चले, दिल और लगाकर जान वह
है जानता पा जाएगा, एक दिन आसमान यह

लक्ष्य के पड़ाव में, जीवन की नाव में
मन में सुकून विचित्र सा है, हर कोई अब मित्र सा है
अपने दम खम का तो अब, हवाओं में भी ज़िक्र सा है
कि आंख बंद करके भी, सब कुछ दिखे सुंदर मुझे
इस कदर मन में धुला, मेरे अहम का इत्र सा है

पतंग

इक डोर के सहारे पतंग निकली
वह अरमानों से घूमे, हर एक गली

कभी गिरते गिरते वह खुद को उठाकर।
कभी वो पड़ोसी से नज़रें बचाकर
वह छोटे से, धीमे से कदम बढ़ाकर,
है करने लगी अब बातें हवा से,
गुनगुनाने लगी गीत कुछ खुशनुमा से
वह दुनिया की न दुनियादारी की सोचे,
बस अपनी ही धुन में, है खुशियां दबोचे
है ऊंचाई छूने को, अब वो बेकाबू,
हवा से जैसे हुआ, नशा हो, हो जादू

मैदाने जंग में अब वह आकर खड़ी है,
वह बढ़ना तो चाहे, पर भीड़ बड़ी है
मज़बूती से वह, डोर अपनी संभाले,
कुछ दूसरी पतंगों को, झट काट डाले
हां लड़ते लड़ाते, चली जा रही है

अजीब सी जैसे खुशी पा रही है
हवा के ही संग, हथेली पर लेकर जान,
ज़माने को इतरा कर, करके सलाम,
जैसे यह आकाश हो उसका तमाम

एक डोर के सहारे पतंग निकली
वह अरमानों से घूमे, हर एक गली

पैसा

है दुनिया की पहचान मुझी से
धरती और आसमान मुझी से, जहां में मिट्टी और पत्थर में
फूंके इंसां जान मुझी से
तुम सोचोगे कैसा हूं मैं
तो जानोगे पैसा हूं मैं

इक छोर से लेकर दूजे तक,
है कायनात में खेल मेरा
वो इंसां पाए जन्नत को,
जिस से हो जाए मेल मेरा
हो जिसके सर पर हाथ मेरा,
चमकें फिर किस्मत के तारे
गर अंजाने ही मिल जाऊं,
तो हो जाएं वारे न्यारे
हो दुख की धूप या जीवन में,
सुख के बादल की हो छाया
सब हाथ उठाकर के रब से,
मांगें खुद पर मेरा साया

माना मैं बस श्वेत नहीं,
है रंग मेरा कुछ काला भी
और समय के पहिए संग मैं हूं,
नित नूतन रूपों वाला भी
इस कायनात की माया में,
कण कण मेरी परछाई है
जिस शमा से दुनिया रौशन है,
मैंने वो आग लगाई है
जो हैं मुझसे आबाद बहुत,
हूं मैं टुकड़ा उनके दिल का
जो डर डर के मारे उनको,
मैं रूप लगूं इक साहिल का

मुझे बिन अपंग हो जाता है,
हो कारोबार भले छोटा
व्यापार की बड़ी मीनारों में भी,
है मेरा हिस्सा मोटा
जो मैं ना हूं तो, मानव के भी,
कदम न चंदा को चूमें
हम खुद पर इतरा करके यूं,
मद मस्त नशे में न झूमें

यह मानो की जीवन की सब,
छोटी छोटी सी बातों में
मेरे बिन रुक जाये सब,
सब दिन में और सब रातों में

गर सोच गौर से जानो तुम,
क्या बात समझ में है आती
मुझ बिन इंसां को जाती नहीं,
वानर से मानव बन पाती
मोह माया का हर इक सपना,
मेरे ही कारण पूरा है
सिर्फ अर्थशास्त्र ही नहीं, यह जीवन,
मेरे बिना अधूरा है
सिर्फ अर्थशास्त्र ही नहीं, यह जीवन,
मेरे बिना अधूरा है

सवाल जवाब

जब भी सवाल पूछते हैं आपसे, आप कहते हैं...
कहानी लंबी है, ज़रा वक्त लगेगा सुनाने में

आज जी भर कर सुनाएं, हम ध्यान लगा कर बैठे हैं...
और फिलहाल, ज़्यादा मसरूफ भी नहीं हैं हम ज़माने में

मसरूफ होते भी, तो आपके लिए वक्त निकाल ही लेते...
आखिर कम ही लोग हैं, जिनके आपके जैसे अंदाज़ हों
बात फरमाने में

शिकवे और शुक्राना

शिकवे हैं तुझसे, थोड़े से ऐ मुकद्दर...
लेकिन उससे ज़्यादा शुक्राना भी है।

कभी कभार नज़रंदाज किया होगा तूने मुझे...
अक्सर मगर मेरा कहा, माना ही है

ढूंढते हुए जब हम

ढूंढते हुए जब हम, चांद, आएंगे...
छोटी बड़ी, कई दीवारें, लांघ आएंगे।

ज़्यादा ऊँची हुई कोई अड़चन, तो गम नहीं...
ऊपर वाले से थोड़ी मदद, मांग आएंगे।

मुद्दे की बात यह है, की चाँद से मिलने को
करने पड़ें चाहे जितने इंतज़ाम, आएंगे

थोड़े थोड़े आपके

ये जो वक्त के दस्तूर हो चले हैं...
कहीं अंधेरे, कहीं नूर हो चले हैं...

भले ही पूरे न हुए तो क्या..
थोड़े थोड़े हम आपके ज़रुर हो चले हैं

दरख्तों की दरारें

दरख्तों की दरारों से रोशनी देखते रहे...
सूरज से इतना प्यार रहा है हमें,
या की शायद सिर्फ बहाना है यह...
बस हर सुबह आपका इंतज़ार रहा है हमें।

दरारों से कभी कभार
अलग ही दुनिया नज़र आती है
तर्जुबा भरा है इनमें कितना
हमारी नादान नज़र, कहां देख पाती है

मसरूफ़ियत

मसरूफ़ इतना हुए कि ज़रा भी,
वक्त का तकाज़ा ना रहा

सिर्फ आपका ही नहीं, हमें
अपना भी ख्याल ज़्यादा ना रहा

मेज़बानी

मेज़बानी का आपके यहाँ, इंतज़ाम बहुत है...

मगर आने के ज़िक्र पर, आपको काम बहुत है

शिकवे और शिकायत, फिर इतने क्यों हैं आपको...

एक आध गुस्ताख़ी हमारी सही,

आप पर भी इल्ज़ाम बहुत है

'फूड फ्रॉम हेवन'

'फूड फ्रॉम हेवन' शायद,
किसी ने सही फरमाया है...
कभी कभी खाना...
इस कदर भाता है

लगता है ऊपर वाला उस पर...
खुद हाथ लगाता है
हर 'रेसिपी' में कहां वो बात...
जो ज़ायका, खाने में प्यार मिलाता है

मुकर जाना

बहुत देते हैं दाद... हम आपकी हंसी की
...मगर हमारी आहों पर, आपका मुस्कुराना बुरा है...

हासिल है हम पर, आपको ऐतबार और इख़्तियार..
...फिर बात बात पर आपका, हमें आज़माना बुरा है...

लव्ज़ों और ज़ुबां की, अहमियत आपने ही समझाई..
...फिर खुद के वादे से आपका, यूं मुकर जाना बुरा है...

गुस्ताख़ी

गुस्ताख़ी वक्त की भी है... और हमारी भी..
कि कभी कभार 'फ्लाइट', 'बस' या 'ट्रेन' छूट जाया करती है...

शायद वक्त के पहले चलना ही मुनासिब है..
अक्सर यह बात ज़हन में आया करती है...

कम्बख्त आदत यह लेकिन बदल पाती नहीं..
लाख दुनिया हमें समझाया करती है..

ज़रा तहज़ीब से

ज़रा अदब से, ज़रा तहज़ीब से..
जिंदगी बेहतर है, थोड़ी तमीज़ से।

मिसाल के तौर पर, एहतराम से खाएंगे,
तो निवाले लगेंगे और लज़ीज़ से

वक़्त की तेज़ी

ऐ वक़्त यह बता ज़रा...
तू इतनी तेज़ी कहाँ से लाता है

जब तक हम आदाब अर्ज़ करते हैं...
तू पूरी नज़्म सुना जाता है

‘सोशल मीडिया’

सोचता हूं कि
‘सोशल मीडिया’ पर क्या लिखूं..
कल व्यायाम करुंगा..या कि...
आज की भाग दौड़ में नहीं कर पाया

परसों तसल्ली से ‘डिनर’ करुंगा... या कि...
आज लंच जल्दबाज़ी में खाया।
एक ‘बीच’ की तस्वीर..या कि...
हफ्ते भर, घर के बाहर नहीं निकल पाया

ज़िंदगी के कई चेहरे हैं...
लोग दिखाते कहां हैं।
‘सोशल मीडिया’ पर, बस वाह वाह करते हैं...
असली शायरी सुनाते कहां हैं

‘पार्क’ में रखा ‘बैंच’

‘पार्क’ में रखा, एक टेढ़ा ‘बैंच’...
काफी सीधी सी बातें बताता है।
‘परफेक्शन’ ज़रुरी कहाँ है...
अक्सर इतरा कर जताता है।

ना लोगों का बैठना कम हुआ...
ना ही उनकी बातचीत
शायद सभी को इस ‘बैंच’ में...
अपना अक्स नजर आता है।

दुआ में हाथ

जब शिद्दत से आपने दुआ में हाथ उठाया है...
उसे मुकम्मल होने से, कौन रोक पाया है

आपके कदमों के संग चलने लगी है...
हवा में भी इस कदर खौफ़ छाया है

किस्मत के पन्ने

वक्त अलग अलग मौके पर, यह दोहराता है...
कोशिश करने से शायद बहुत कुछ मिल जाता है

किस्मत के लिखे पन्ने तो सर आंखों पर हैं ही...
मगर चाह और शिद्दत से कभी कभी,
पन्ना भी फड़फड़ाता है।

अर्ज़ी आपकी

निहायती गुस्ताख़ और बेखौफ़,
हर अरज़ी है आप की...

करते हैं अपने दिल की,
कहते हैं हमें, मर्ज़ी है आप की

आपके हिस्से का आसमां

अभी दाद नहीं देंगे, सिर्फ गौर से सुनेंगे...
बस एक लव्ज़ कहा है आपने, शेर पूरा सुनाया कहां है।

पंख खोले हैं फ़कत, उड़ान अभी बाकी है आपकी...
आपके हिस्से का आसमां, अभी आपकी मुट्ठी में आया कहां है।

पुराने से ताल्लुकात

मांग सकते हो पुराने से ताल्लुकात हमसे..
आखिर इतने दिलफरेब कहां हैं हम।

जहां जहां रही है आपकी ज़्यादा तवज्जो...
हमेशा थोड़े थोड़े, रहे वहां हैं हम

इस तरह न देखे

निगाहे चांद को कह दो,
ज़मीन को इस तरह ना देखे...

ज़िंदगी से भरी बस एक ज़मीन,
कायनात में किस किस पर दिल फेंके

गरम चाय का लुत्फ़

गरम चाय का लुत्फ़ उठाऊं,
या उसकी तस्वीरें 'सोशल मीडिया' पर डाल दूं,
मन करता है ऐसे सवालों को,
अक्सर सोचे बिना ही टाल दूं

इस तकल्लुफ में क्यूं ज़ाया करूं, वक़्त जो प्यारा है,
और फिर गरम चाय का ठंडा होना,
आखिर किसको गवारा है

दूर कहां हैं

दूर कहां हैं हम आपसे...
कभी थे ही नहीं..
आंखें मूंद कर देखिये..
वहीं हैं..गए ही नहीं..

यूं ही वाक्यात बना लिए आपने..
हमने कहे ही नहीं..
आलम यह है..हम दरिया हो चुके हैं..
आपको लगता है..हम बहे ही नहीं

बग़ावत

थोड़ा एहतियात से, थोड़ा इंतज़ाम से करो...
बग़ावत भी ज़रा, इतमेनान से करो।

बड़ी जंगों में, छोटी हार कभी कभी मुनासिब है..
ध्यान रखो यह, जब बात बेइमान से करो

आम भी खास भी

थोड़ी नज़र की, थोड़ी हालात की बात है..
जो किसी के लिए आम, किसी के लिए ख़ास है।

ख्वाहिशों की आखिर सीमा कहाँ है...
खुदी की जो ज़रूरी है, वो खुद के पास है

बिना बात के

बिना बात के, हमसे यूं टकराया न करो
अपनी राह चलो, हमारे रास्ते में आया न करो

हमें तो अपने अक्स को देखते रहने की आदत सी हो
चुकी है
इसलिये आइने में पहले खुद को देखो,
हमें दिखाया न करो

वक्त अच्छा भी आएगा

वक्त अच्छा भी आएगा,
बहुत कुछ बाकी है अभी

और आप से मिलने की चाहत,
हम में काफी है अभी

खिड़की - एक कगार

खिड़की भी एक अजब सा कगार है..
जितनी घर के अंदर है, उतनी ही बाहर है

इसके नज़दीक बैठकर, मन में सुकून भी है...
और साथ ही कुछ आने, कुछ पाने का इंतज़ार है

ज़मीन से ताल्लुकात

आसमान को गले लगाने की चाहत तो रोज़ करते होंगे...
अरसा हुआ, एक बार ज़मीन से मिल कर आएं...

मानते हैं कि हवाओं में उड़ने के अरमान हैं ज़रूरी...
साथ ही थोड़े से ताल्लुकात, मिट्टी से भी निभाएं...

तराजू

आपके साथ और आपकी बात की
कीमत हम नहीं आंक सकते...
आखिर दिल के पास, कहां कोई तराजू होता है..

ठीक वैसे ही जैसे यह समझ पाना है मुकिल....
कि सागर की हवाओं में, ज़्यादा क्यों जादू होता है..

उम्मीद मत रखिएगा

लाख कोशिश करिये, अलग अलग बहानों से, आपकी
जुबां पर हमारे नाम आएंगे
बहुत सताया है आपने, हम भी आपके सपनों में करने
परेशान आएंगे

सब लोग आपकी मदद करने को, अगर तैयार ना हों
उम्मीद मत रखिएगा, हम भी नहीं आपके काम आएंगे

झरोखे का घोसला

मेरे घर के एक झरोखे में,
कुछ कबूतर रहते हैं...

नन्हें कबूतर जब साथ खेलते हैं
परिवार का एहसास दिलाते हैं
लगता है करतब करके बता रहे हों
आम लम्हों को कैसे खास बनाते हैं

ज़िद्दी भी हैं, लड़ते हैं कई बार
चोंच से करते हैं वार
ज़ोर लगा कर बोलते हों जैसे
सब लड़ाइयों से, जीत जाता है प्यार

छोटे से झरोखे में
हर मौसम को गले लगते हैं
कठिन सी ज़िंदगी को भी
भरपूर निभाते हैं
ज़िंदा होने के मायने

इंसान से बेहतर समझाते हैं

शायद यही कारण है,
चाहकर भी उस घोसले को हटा नहीं पाया
उसकी तस्वीर 'फोन' पर खींची
मगर दिल से मिटा नहीं पाया
लिख रहा हूं यह ताकी गम न रहे
यह सब सीख, दुनिया को बता नहीं पाया

मेरे घर के एक झरोखे में
कुछ कबूतर रहते हैं

अलविदा का दस्तूर

दस्तूर तो अलविदा का है, पर मैं कहना नहीं चाहता,
इस तरह के दायरों में, मैं रहना नहीं चाहता

किसी मौके और किसी दस्तूर पर,
उम्मीद है बात भी होगी,
ऊपर वाले (और हम आप) ने जब चाहा,
मुलाकात भी होगी

www.ingramcontent.com/pod-product-compliance
Lightning Source LLC
LaVergne TN
LVHW041111150826
845673LV00007B/2007

* 9 7 8 9 3 5 6 6 7 1 6 8 3 *